宋朝的七天

古代人的一天

段张取芝 著绘

中信出版集团 | 北京

图书在版编目（CIP）数据

宋朝的七天 / 段张取艺著绘 . -- 北京：中信出版社，2024.12
（古代人的一天）
ISBN 978-7-5217-5161-1

Ⅰ.①宋… Ⅱ.①段… Ⅲ.①中国历史－宋代－少儿读物 Ⅳ.① K244.09

中国版本图书馆 CIP 数据核字（2022）第 250630 号

宋朝的七天
（古代人的一天）

著 绘 者：段张取艺
出版发行：中信出版集团股份有限公司
（北京市朝阳区东三环北路27号嘉铭中心　邮编　100020）
承 印 者：北京盛通印刷股份有限公司

开　本：889mm×1092mm　1/16	印　张：3.75	字　数：120千字
版　次：2024年12月第1版	印　次：2024年12月第1次印刷	
书　号：ISBN 978-7-5217-5161-1		
定　价：35.00元		

版权所有·侵权必究
如有印刷、装订问题，本公司负责调换。
服务热线：400-600-8099
投稿邮箱：author@citicpub.com

前言

一个朝代，短则几十年，长则数百年。在漫长的历史进程中，有多少帝王叱咤风云，又有多少王侯将相书写传奇？这么多的历史人物和精彩故事，该讲哪个？又该怎么去讲？一个个繁杂纷扰、荡气回肠的故事要如何抽丝剥茧，讲得有趣通透？一个个波谲云诡、人物众多的事件要如何讲得娓娓动听？

显然，以常规方式给孩子讲述历史故事不是我们的风格。我们曾采用虚构"一天"的创意手法来呈现古代人的生活、工作，那能不能用这样的方式来讲述朝代的故事呢？于是，我们想到了一周——七天。

七天，无论是学生党，还是上班族，我们每个人都早已习惯这个时间周期，它在我们的生活中周而复始，循环不断。用七天来讲述一个朝代，充满挑战和想象力。

七天，用七个故事串联起一个朝代，对于小读者来说，这既容易吸引他们阅读，还能让他们保持极高的兴趣去接触和了解历史。通过本书，他们能迅速地了解朝代是如何建立、怎么兴盛，又是如何衰落、怎么灭亡的。更重要的是，用"七天"这个非常容易理解的概念，可以帮助小读者快速整体感知一个朝代，让他们从全局的视角去看待朝代的更替。

宋朝，一个充满人文气息的朝代，经济发展迅速，社会繁荣，饱学之士层出不穷，欧阳修、王安石、苏轼等，每一个名字都熠熠闪光。然而，宋王朝也有它自己的痛和苦，王安石变法没能拯救宋朝，靖康之变几乎让宋朝的命脉就此断绝。虽然偏安一隅的南宋继续存续了一百多年，但我们读完它的结局，还是忍不住遗憾叹息。

用七天来讲述一个朝代的发展历程，真的是困难重重，充满挑战。

首先，我们需要在成百上千个历史事件中反复斟酌，以挑选出七个最重要的故事来构建七天。我们在创作时定好了基本的筛选标准，以孩子们历史教材上的重要历史事件作为首选，史书上每个朝代独有的人或事、惠及千秋万代、事关朝代国运命脉的也都选了进来。

其次，选择好事件后，还需要将事件之间的割裂之处进行填补。为此，我们在体例上做文章，设计了专门的栏目力求填补这些历史缝隙。

最终，我们把每个事件自然地衔接起来，把朝代不同阶段的发展连成一个整体，终于形成了完整的叙事节奏。窥一斑而知全豹，希望孩子们在朝代的"七天"中了解历史的面貌，理解王朝兴衰之必然，这就是我们呈现此书的最大意义！

张卓明

目录

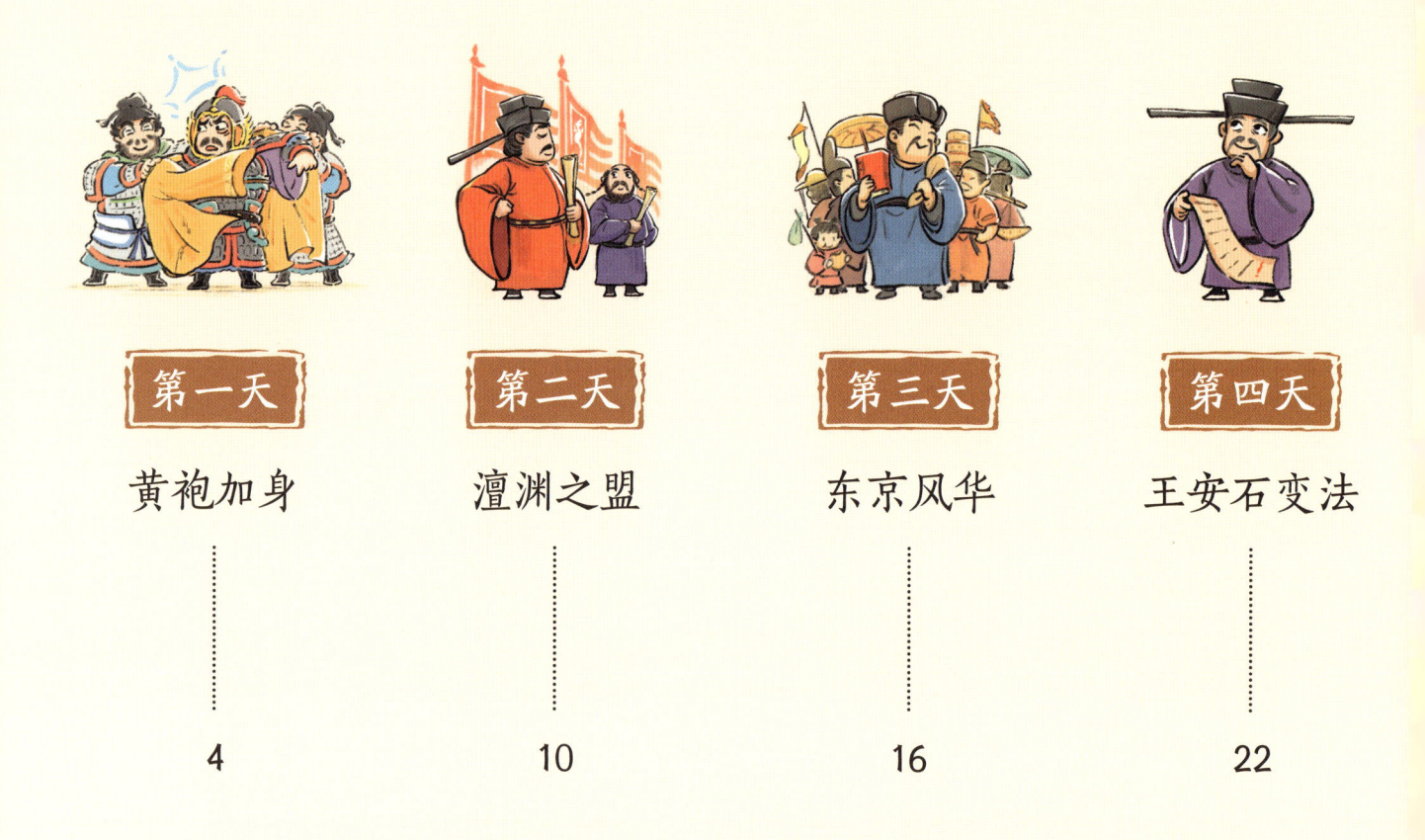

第一天	第二天	第三天	第四天
黄袍加身	澶渊之盟	东京风华	王安石变法
4	10	16	22

中国的历史很长很长，但比起一条长长的线，它其实更像一条长长的珍珠项链。一个个大大小小的事件，就像一颗颗珍珠，缀连在一起，最终穿成了几千年的中华历史。

这本书名为《宋朝的七天》，"七天"不是真正意义上的七天，它浓缩了一个朝代的七个重要的历史事件，展现了这个朝代的兴起、兴盛、转折直至灭亡。

一个王朝的历史，在这七天里，就可见一斑。

第五天
靖康之变

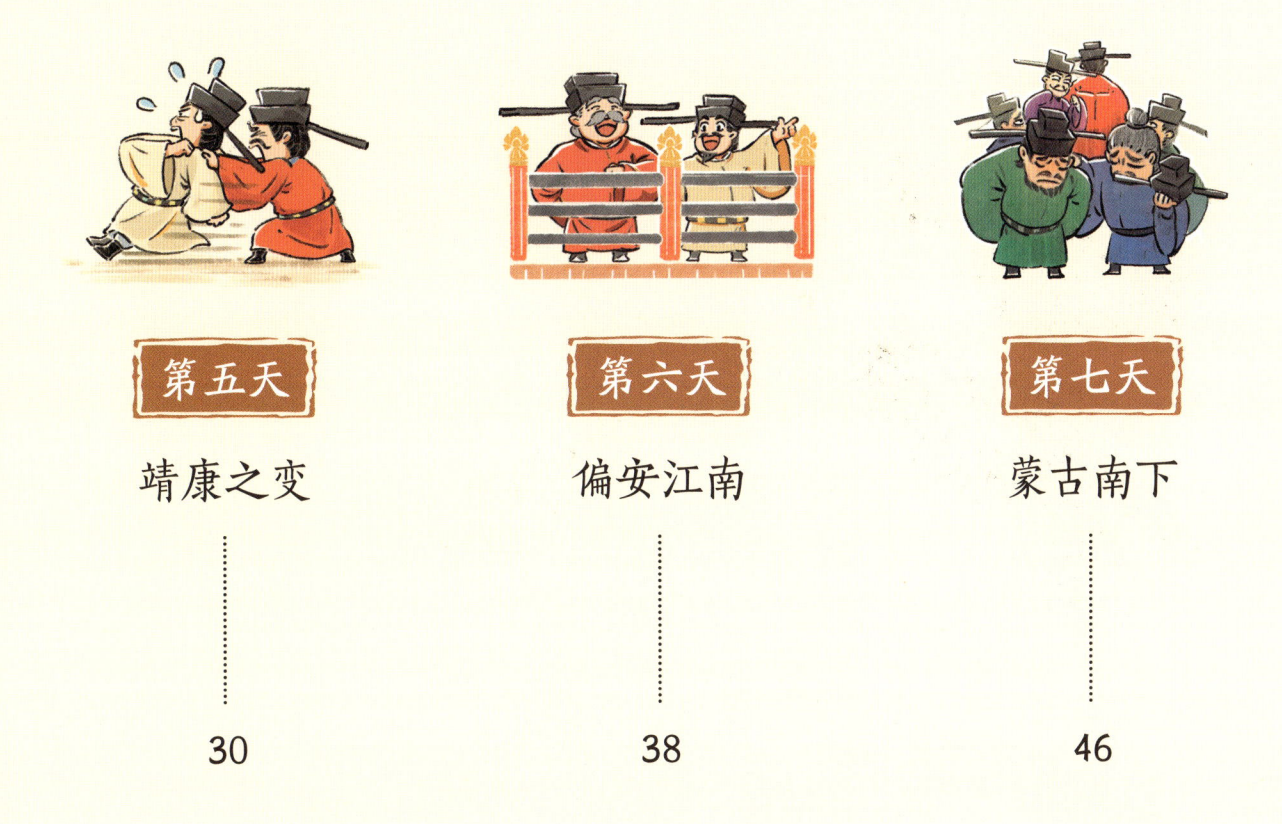

30

第六天
偏安江南

38

第七天
蒙古南下

46

宋朝人丰富的夜生活

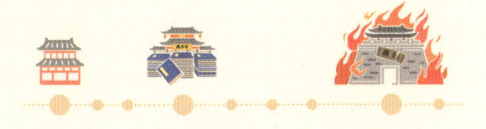

52

宋朝历史大事件

54

第一天

黄袍加身

自907年唐朝灭亡后,北方先后出现了后梁、后唐、后晋、后汉、后周五个政权,史称"五代"。同时期南方及山西地区先后出现了吴、前蜀、楚、吴越、闽、南汉、南平、后蜀、南唐、北汉等割据政权,史称"十国"。951年,郭威建立后周,定都开封。959年,周世宗病死,年幼的周恭帝即位。禁军统帅赵匡胤曾跟随周世宗四处领兵作战,立下汗马功劳,深受信任。

小皇帝才七岁，我们就算立下战功，又有谁记得呢？

还不如让点检大人做皇帝呢。

960年春天，后周朝廷听说北方的辽朝联合北汉发兵南下，决定派赵匡胤率军前去御敌。赵匡胤的军队行进到开封附近的陈桥驿就停了下来，一场关于夺取皇位的谋划正在军营里秘密进行……

卯初（5：00）
将士们的举动

将士们议论了一夜，最后聚集在赵匡胤的帐前，要拥立赵匡胤当皇帝。

赵匡胤

> 点检大人，大家希望由您来做皇帝！

> 我们都听您指挥！

不等赵匡胤回应，将士们就把事先准备好的黄袍披在了他身上。赵匡胤趁机严肃军纪，禁止烧杀抢掠。

> 进了东京，要听令行事，严禁打打杀杀。各位能做到吗？

遵令　遵令

巳初（9∶00）
控制都城

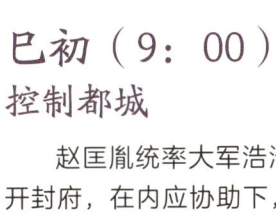

赵匡胤统率大军浩浩荡荡地返回东京开封府，在内应协助下，大军迅速控制了都城。随后，赵匡胤命令士兵先回军营，自己则回到公署。

> 士兵回军营，亲兵跟我走！

> 我该去会会老朋友们了。

东京

这里的东京即开封，历史上又称汴京、汴梁，是五代的后梁、后晋、后汉、后周和北宋的都城。

巳初二刻（9∶30）
上当啦

皇宫内，正在上早朝的官员们忽然收到陈桥驿兵变的消息，个个惊慌失措。

> 都怪我们识人不清啊！

> 当初听说敌国进攻，我们才派赵匡胤领兵，没承想中了他的奸计！

紧接着，赵匡胤的部下闯进了皇宫，将朝臣们通通带走。

> 大人，跟我们走一趟吧！

> 你们这些乱臣贼子！

巳正二刻（10：30）
这事不赖我

赵匡胤早早在他的公署等待朝中大臣。一见到曾经的同僚，赵匡胤就悲伤地痛哭起来。

> 将士们逼迫我，我实在是身不由己……

后周官员们还没来得及开口说话……

> 哎！哎！你……

赵匡胤的部下就持剑上前，威慑一众大臣。

> 我们一定要让赵点检当皇帝，各位最好不要有任何妄想！

> 先保住小命再说。

午初（11：00）
吾皇万岁

事已至此，官员们无计可施，只好向赵匡胤跪拜表示臣服。

吾皇万岁

申初（15：00）
当上皇帝啦

吉时已到，禅位大典正式举行。赵匡胤换上礼服，走进崇元殿，接受群臣拜贺，成为宋朝的开国皇帝。

赵匡胤：新朝新气象，朕要大赦天下！

之后的故事

杯酒释兵权

为了避免武将们效仿自己争夺皇位，宋太祖赵匡胤宴请一众高级将领，威逼利诱，迫使他们交出了兵权。

雪夜定策

建立了宋朝后，宋太祖在一个雪夜，与宰相赵普制定了"先南后北，先易后难"的战略方针，计划将其他割据政权逐个击破。

重文轻武的宋朝

赵匡胤和他的弟弟赵光义四处征伐，先后吞并了后蜀、南唐和北汉等。979年，宋朝灭北汉，基本实现了中原和南方的统一，为社会经济、农业生产的恢复创造了条件。宋太宗继承"重文轻武"的政策，限制武将对军队的控制，任用文臣担任高官，大幅度提高文官和文人的地位，给宋朝的繁荣昌盛奠定了基础。

第二天

澶渊之盟

在吞并其他割据政权的同时，宋朝始终不忘收复北方的燕云十六州。燕云十六州位于燕山、太行山一带，五代时陆续被契丹占领。为争夺这一关键地区，宋朝和辽朝打了二十多年的仗。1004年，辽朝大军南下，一路打到了澶州城下。宋真宗赵恒在宰相寇准的劝说下，决定亲征。

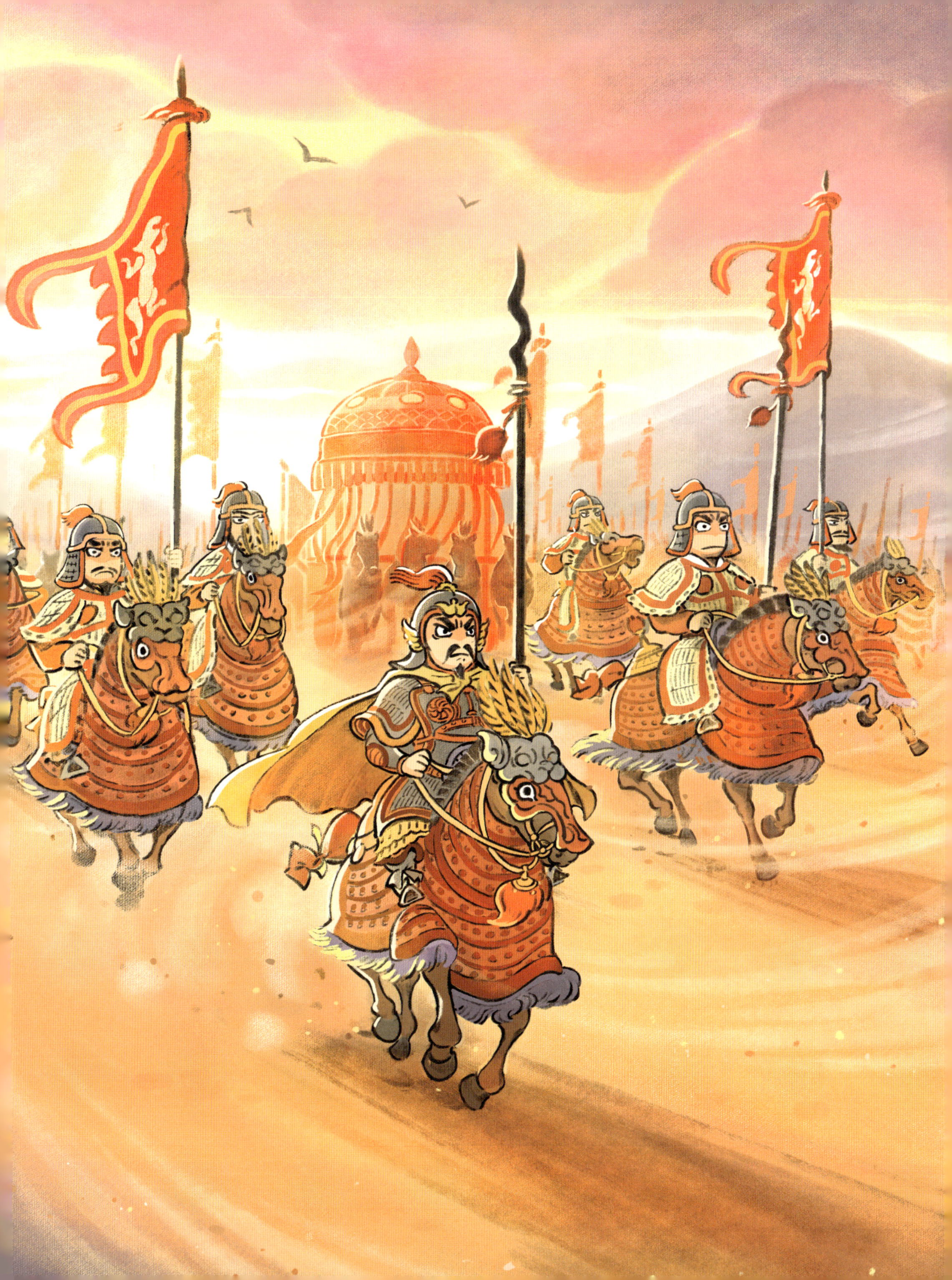

澶州是北宋位于黄河边的重镇，一旦失守，开封将陷入险境。因此，宋军在澶州城集结，准备坚守城池。

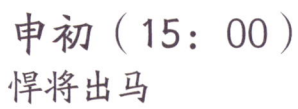

未初（13：00）
风雨欲来

辽军来到澶州城下，见澶州守备森严，一时不敢贸然发起进攻，双方就这样陷入了僵持。

> 务必盯紧辽军，千万不能给敌人偷袭的机会！

申初（15：00）
悍将出马

辽朝大将萧挞凛常年统军作战，战功赫赫，是辽朝此次南征的主要将领之一。他决定亲自率领先锋军，到澶州城下察探地形。

> 走！去探探宋军的情况！

萧挞凛

报！辽人来刺探军情了！

申初三刻（15：45）
发现敌踪

尽管双方没有正式开战，但澶州城上的宋朝守军时刻关注着辽军的动向。萧挞凛一出现，就被发现了。

宋军拿出看家的武器床子弩，士兵们合力拉动绞绳，弩箭直指萧挞凛。

那就给他一点儿颜色看看！

床子弩

宋代一种杀伤力极大的远程武器，通常由三张弓和弩组成，能射出几百步远。

弩箭发出，正中萧挞凛的额头。

咻

不好，萧将军中箭了！

申正（16：00）
撤退

萧挞凛中箭落马，城下的辽军顿时群龙无首，慌忙护着萧挞凛撤退。宋军顺利守住了澶州城。

> 快撤回去！

戌正（20：00）
折损大将

当晚，萧挞凛重伤不治离世。失去一员大将的辽军士气低落，无心与宋军再战。

> 萧将军死了！我们怎么办？

哇 哇 哇

‖ 宋辽和谈 ‖

几天后，宋真宗抵达澶州前线，宋军士气大振。这时，辽朝使臣秘密来到澶州城请求和谈，宋真宗很快答应下来。

> 朕早就不想打仗了。——宋真宗

之后的故事

签订和平协议

1005年初,宋辽双方商定和议,签订了和平盟约。澶州旧称澶渊,所以这次宋辽缔结盟约史称"澶渊之盟"。约定宋朝每年给辽朝二十万匹绢和十万两白银的岁币,双方维持已有边界,互不侵犯,不得在边境修建防御工事。

讨价还价

关于给辽朝的岁币,宋真宗曾给出"百万亦可"的承诺。在寇准极力要求下,宋方使臣曹利用将岁币数量压到了三十万,为北宋争取了利益。

朝廷也会做生意

在宋朝,盐、酒、茶、铁等商品只能由官府售卖,称为"禁榷"。这种制度为朝廷带来了许多收益。

东封西祀

澶渊之盟后,宋真宗在近臣的鼓动下,东到泰山封天禅地,西至汾阴祭祀后土,以粉饰太平,史称"东封西祀"。宋真宗也是中国历史上最后一位到泰山封禅的帝王。

从战争走向和平

澶渊之盟后,辽朝与北宋之间尽管偶尔有些摩擦,但大体上边境还算比较和平。宋真宗去世后,宋仁宗赵祯即位,由刘太后听政,废除了真宗朝后期的弊政,宋朝开始向好发展。

第三天

东京风华

宋仁宗赵祯亲政后，用温和的方式治理国家，宋朝的面貌焕然一新，商业买卖自由，经济日益繁荣，科学技术得以广泛应用，理学思想开始萌发，各行各业蓬勃发展。宋朝开始进入鼎盛时期，都城开封更是当时世界上数一数二的繁华之城，众多文人贤士都向往去都城大展宏图。

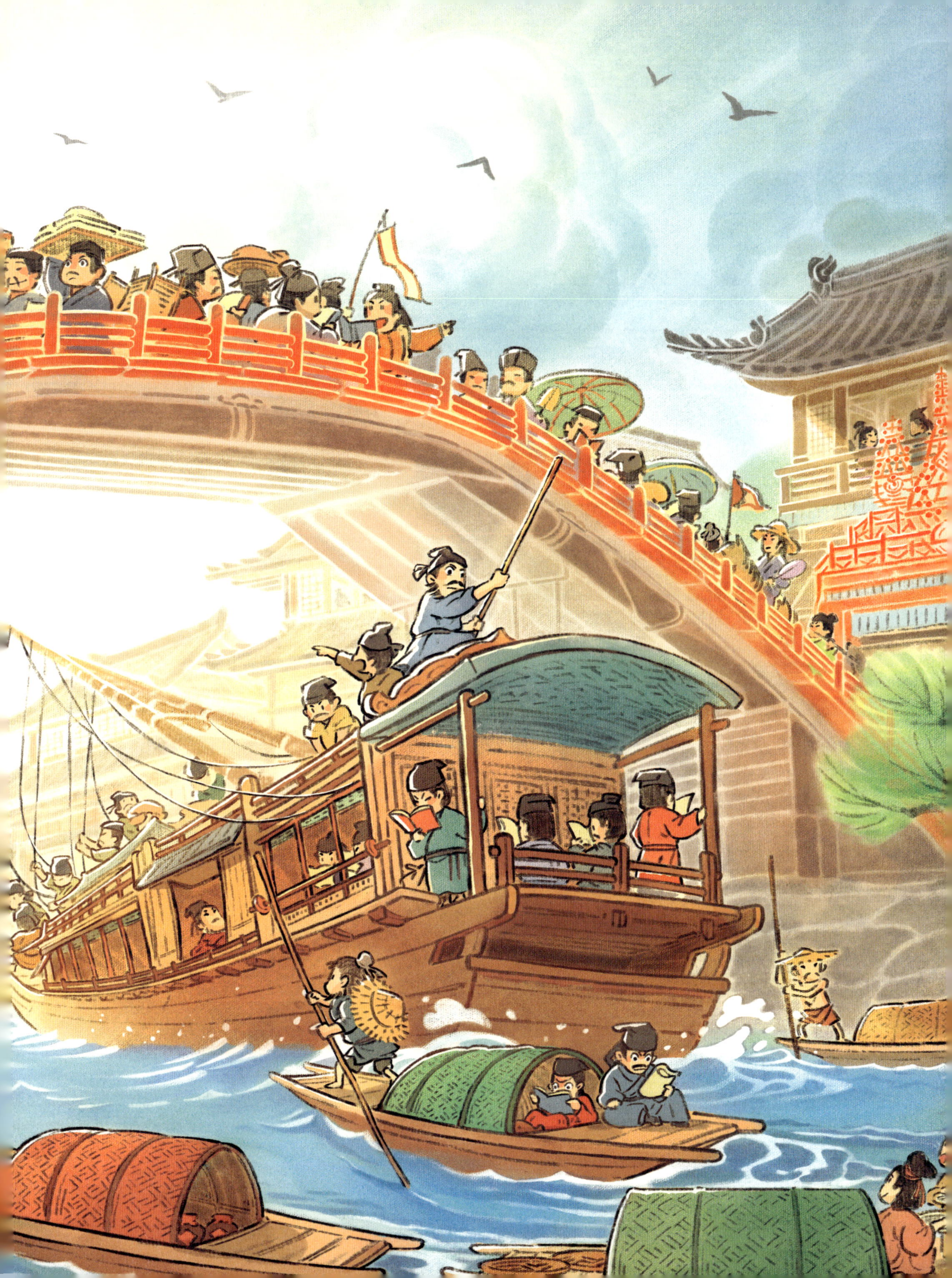

1057年初,一场重大的礼部试在开封举行。来自全国各地的才华横溢的读书人齐聚贡院,期待金榜题名,其中就有鼎鼎大名的眉州"二苏"。

巳正(10:00)
这么多好文章

主考官欧阳修与点检试卷官梅尧臣正严肃地审阅考卷,优秀文章太多了,如何给考生们排名次让他们犯了难。

> 这些文章都写得不错,我很喜欢,这名次真让人纠结啊!

欧阳修

梅尧臣

礼部试

当时的科举分解试、省试、殿试。省试通常由礼部举办,所以又称礼部试。

有篇文章让梅尧臣眼前一亮,他迫不及待地拿给欧阳修看。

欧阳修读后,也很是惊喜,连连称赞。

> 欧阳兄你快来看,此人文风颇有孟子的风范!

> 值不值一个第一名?

> 真是好文章!不过,看起来像是我学生曾巩写的。

申初三刻（15：45）
还是评为第二名吧

由于所有考卷都被糊名誊录，欧阳修无法确认这篇文章是谁写的。为了避嫌，欧阳修决定将其评为第二名。

> 这份卷子按说应该评为甲等，可这要真的是曾巩的……只能这样了……

糊名誊录制

为了防止考官阅卷时舞弊，宋代科举阅卷采用糊名誊录制，即考试结束后，先将试卷上的考生姓名、籍贯等信息封住，然后由专人将试卷内容誊写一遍，再交给考官评阅。

次日｜辰初（7：00）
张榜啦

事实上，那份考卷是一个名叫苏轼的考生的，他的弟弟苏辙和欧阳修的学生曾巩同样榜上有名。

> 居然没有我……

> 找到名字了吗？

> 苏兄，恭喜你高中！

> 同喜，同喜。

苏轼

巳初（9：00）
令人惊叹的才华

中榜后，苏轼登门拜谢欧阳修，他的才华让欧阳修叹服。

欧阳修还嘱咐自己的学生晁端彦结交苏轼。

> 苏轼总有一天会名动天下，你去拜访拜访他。

苏轼

欧阳修　晁端彦

> 我当初没有看错这小子。

后来，欧阳修的话果真应验了。苏轼声名远播，成为宋朝文坛举足轻重的人物。

名人荟萃的金榜

嘉祐二年（1057年）的这次科举考试，选拔出了一批很有影响力的名士。除了大文豪苏轼之外，还有名列"唐宋八大家"的曾巩、苏辙，程朱理学创始人之一的程颢，收复西北六州的将领王韶，以及参与王安石变法的重要人物吕惠卿。这么多精英同时涌现，实属罕见，因此后人称这次科举金榜为"千古第一榜"。

之后的故事

钱袋子出了问题

宋仁宗在位期间,官员、士兵数量大增,朝廷开销庞大。皇帝和大臣们发现朝廷入不敷出,钱袋子都见了底。

二苏在此,谁与争锋

嘉祐六年(1061年),朝廷举行制科考试,选拔特殊人才。苏轼、苏辙兄弟表现优异,苏轼更是获得了自北宋立国以来的第二个入三等评级。

问题依然没有解决

宋仁宗时期,名臣范仲淹曾想进行改革来解决朝廷弊政,但没有成功。宋英宗也想改革,不过他只当了四年皇帝就生病去世了。

司马光与《资治通鉴》

司马光计划编写一部编年体通史,宋英宗得知后很重视,专门在崇文院设立书局,让司马光任选助手开展工作。历经英宗、神宗两朝,司马光编成了《资治通鉴》。

宋朝的高光时刻

和平发展几十年后,北宋进入了最亮眼的时期,商业发达,文化繁荣,科技兴盛,人才济济。铁面无私的包拯、忧国忧民的范仲淹、英勇善战的狄青、革新宋词的柳永等人才,都为北宋的发展贡献了一份力量。这一时期是宋朝历史上别具一格的繁荣时代。

第四天

王安石变法

宋神宗赵顼即位后，为了化解财政危机，谋求国富兵强，他与宰相王安石联手制定了一系列新法。新法涉及农业、水利、劳役、军事等许多方面，假如能良好执行，将对百姓和国家都有好处。然而由于种种原因，新法的推行效果并不如预期那样理想。

旱灾暴发，这里简直是人间地狱！

王安石的想法

王安石的妙招

当时,朝廷有两个迫切需要解决的问题:一是没钱了,二是面对西夏屡战屡败。王安石想解决这两大问题,实现富国强兵,于是开始推行"青苗法"。

能帮助老百姓

青苗法就是每年夏收秋收之前,老百姓到官府借钱或粮,以补助他们耕种。

这笔钱官府借给你。

似乎效果不错

等到收获的时候,老百姓再还钱给官府,利息二分。这样老百姓不用背上高利贷,官府也能增加收入。推行初期,青苗法确实让大宋的国库充实了起来,富国强兵的目标似乎很快就要实现了。

酉正（18:00）
新法的问题似乎很多

青苗法给朝廷带来了大笔收入，可造成的问题也是一箩筐，各地反映新法扰民、害民的负面消息堆满了宋神宗的案牍。宋神宗一边看，一边皱紧了眉头。

宋神宗

> 陛下，新法太理想化了，地方执行得有问题，结果适得其反。

酉正一刻（18:15）
变成了敛财工具

有的奏章说官吏们为了私利，不管老百姓愿不愿意、需不需要，都强迫他们借钱，甚至私下提高利息，盘剥百姓。

> 国库是有钱了，但老百姓的钱却没了！这是个馊主意！

酉正二刻（18:30）
更大的麻烦

有的奏章说官府把钱粮都借出去了，到了灾年，官府没钱粮赈灾，导致灾民流离失所。

> 这是真的吗？

戌初三刻（19：45）
《流民图》

侍卫呈上一封加急密报，原来是城门官郑侠目睹百姓流亡的惨状绘制的《流民图》。

> 陛下，十万火急！

> 民间的灾情已经这么严重了吗？

戌正（20：00）
无比震惊

随《流民图》一同呈上的还有郑侠的奏章，陈述了新法对百姓的害处。紧接着，宋神宗展开《流民图》，内心再次受到了巨大冲击。他对着画作长长叹气。

惊

亥初（21：00）
睡不着

宋神宗回到寝殿，忍不住又拿出《流民图》反复观看，一整夜都难以入睡。

> 怎么会这样呢？朕看好的新法，真的很糟糕吗？

唉～

次日｜辰初（7：00）
朕决定了

思考了一夜，宋神宗做了个重大的决定：停止变法！

> 看来必须要改变了。

> 新法要收的税钱，一律暂停征收，其余新法全部取消！

巳正（10：00）
反响很好

宋神宗又下令发钱粮赈灾，老百姓听了都欢呼庆贺。

> 有饭吃了！
> 真是大好事！
> 陛下英明，咱们终于不用挖草根吃了！

未正（14：00）
大家都要检讨

宋神宗又下了一道责躬诏，要求百官和自己一起反思。

> 百姓过得这么困难，朕和你们却没有及时援助。
> 一定要好好反思！

‖ 王安石辞去相位 ‖

后来，在多方压力下，主持变法的王安石请求辞去宰相之职。宋神宗犹豫不定，但最终点头答应，将他外放做地方官去了。

之后的故事

心灰意冷

后来,宋神宗再次任命王安石担任宰相,继续推行变法。不久后,宋神宗变法的决心有所动摇,王安石心灰意冷,再次辞官,退居江宁(今江苏南京)。

新法被废除

宋神宗死后,宋哲宗即位,他的祖母高太后临朝听政。高太后反对变法,她任用司马光担任宰相,新法大部分被废除。

皇帝的想法不一样

高太后去世后,宋哲宗亲政。他贬黜了一众反对变法的官员,恢复了部分宋神宗时期的新法。

西北战线有收获

宋哲宗在位期间,北宋在与西夏的战争中,取得了平夏城之战的胜利,迫使西夏向北宋求和。

朝廷内部出现纷争

宋神宗与王安石发起变法的初心,是改变北宋长期以来的积贫积弱局面。然而新法的推行一波三折,反对声音众多,宋神宗的决心开始动摇,变法核心人物王安石两度罢相。北宋后期,新党与旧党相互倾轧,造成政局混乱。

第五天

靖康之变

宋徽宗赵佶坐上皇位时，宋朝的问题已经很严重了。刚开始，宋徽宗整顿朝纲，想要有一番作为，但他才认真干了一年就不想干了，又是赏花，又是画画，又是玩石头，把朝政大事丢到了一边。皇帝贪图享乐，底下的人自然迎合，拼命搜罗奇花怪石供皇帝玩乐，整个国家被搞得乌烟瘴气。

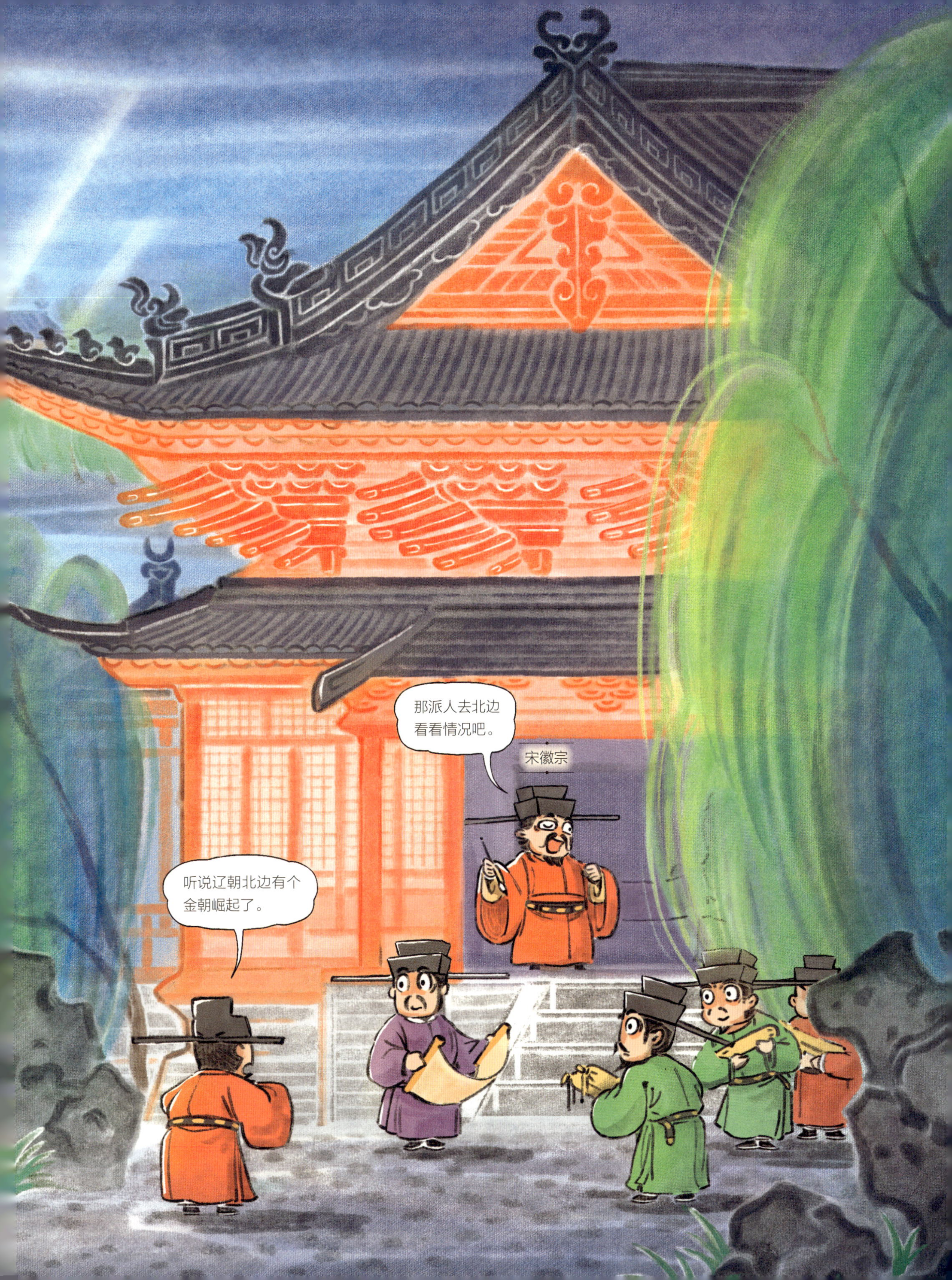
那派人去北边
看看情况吧。
宋徽宗
听说辽朝北边有个
金朝崛起了。

海上之盟

"我们可以联合金朝灭掉辽朝，趁机夺回被辽朝占领的燕云十六州。"

"那太好了！太祖太宗都没实现这个目标呢！"

可是，在攻打辽朝的过程中，宋军孱弱的实力暴露无遗。1125年，金朝灭掉辽朝后，立马挥兵南下攻打宋朝。

宋徽宗一看形势不妙，赶紧把帝位传给了儿子宋钦宗赵桓，自己退居幕后。

"金军打过来啦！"

"儿子，你去和金人谈一谈吧。"

宋钦宗　　宋徽宗

1127年，金军攻破开封，后来还把前去谈判的宋钦宗扣留下来当人质。

"把他扣下来，再把老皇帝也叫来。"

戌初（19：00）
金朝下了一道诏令

皇帝被金人扣押，官府为了筹集赎金四处搜刮百姓，开封城里一派萧条破败的景象。突然，噩耗再次传来。

> 传金朝诏令：废皇帝为庶人，另立异姓皇帝。

> 命太上皇、皇子、帝姬、后宫嫔妃即刻出城！

戌正（20：00）
赶紧通知太上皇

听到消息后，宋朝官员连夜入宫向宋徽宗禀告。宋徽宗惶恐不安。

> 大事不好！太上皇，金人要您出城。

> 金人这么做肯定有什么阴谋！

宋徽宗

次日｜辰初（7：00）
收到最新消息

清晨，又一批官员求见宋徽宗，带来了从金营传回的最新消息。

> 陛下命人传来口信，说金人并无恶意，请太上皇速速前去。

> 金人反复无常，我可以相信他们吗？

巳初（9：00）
决定出发

众臣意见不一。宋徽宗思索再三,决定听从金人的命令去城外。

> 诸位卿家别再争了。若能换回皇帝,去又有什么关系?

巳初二刻（9：30）
太上皇有点犹豫

宋徽宗磨磨蹭蹭上了马车,却迟迟不动身。

武将范琼见状,上前催逼众人加急出城。

> 愣着干吗,还不快走!

巳正（10：00）
羊入虎口

金兵早已整装列队在城外等候，宋徽宗的马车刚出了南薰门，等候多时的金兵就将宋徽宗掳走，押往金军驻地。

> 跟我们走一趟吧，哈哈。

> 太上皇！

申初（15：00）
父子相见

在金军驻地，宋徽宗与宋钦宗终于父子相见，可现在二人都成了金人的俘虏，失去了往日的尊贵地位。

> 咱们父子命苦啊，如今竟落得这个下场……

35

酉初（17：00）
被俘北上

金兵在开封大肆搜刮金银财宝，撤退时还带走了皇室成员、王公大臣和无数百姓。这些人被金兵分批押往北方，一路上饥寒交迫，死伤无数。北宋就此灭亡。

‖ 死于他乡 ‖

宋徽宗被俘后在金朝受尽了屈辱，1135年死于五国城（今黑龙江依兰）。1156年，宋钦宗也死在了金朝。

昏德公与重昏侯

宋朝的两位皇帝被掳到金朝都城后，金人让他们穿着素服拜谒金太祖的庙宇，称之为献俘。而后，宋徽宗被金太宗封为"昏德公"，宋钦宗被封为"重昏侯"，以此来羞辱宋朝君臣。

之后的故事

当了三十三天的皇帝

金军为了更便利地搜刮宋朝的钱财，强行扶持北宋主和派大臣张邦昌做了傀儡皇帝，国号"大楚"。张邦昌知道这个位子坐不得，等到金军撤退后，赶紧拥立宋钦宗的弟弟赵构登基。张邦昌只做了三十三天的"皇帝"。

南宋建立

当大部分宋朝皇室成员被俘北上时，赵构在南京应天府（今河南商丘南）即位。他拒绝抗金主张，一路南迁到了长江一带，最终定都临安（今杭州），南宋朝廷从此偏安一隅。

岳飞抗金

靖康之变后，南宋初年涌现出一批杰出的抗金将领，其中以岳飞最为出名。他曾接连击败金军，让金军发出"撼山易，撼岳家军难"的感叹。

绍兴和议

岳家军让金兵闻风丧胆，宋高宗赵构却一心求和，金朝要求南宋除掉岳飞。宰相秦桧以"莫须有"的罪名将岳飞下狱。宋金达成和议，南宋向金朝称臣纳币。

宋朝历史大转折

靖康之变是北宋灭亡的标志，赵构建立的南宋多次打退了金人的进攻，将局势稳定下来。宋金订立绍兴和议后，双方对峙局面形成。南宋将在秦岭、淮河以南的土地上续写宋朝的新故事。

第六天

偏安江南

金朝始终想灭掉南宋，1161年，金兵南下攻宋。没想到，南宋文臣虞允文在采石之战中大破金军。其时，金朝发生内乱，放弃了攻灭南宋的计划，双方形成对峙之势。宋高宗终于松了一口气，次年将皇位传给宋孝宗，自己则搬去德寿宫养老。南宋都城临安是个山川秀美、经济繁荣的宝地，南迁的王公贵族们很快适应了这里的生活。

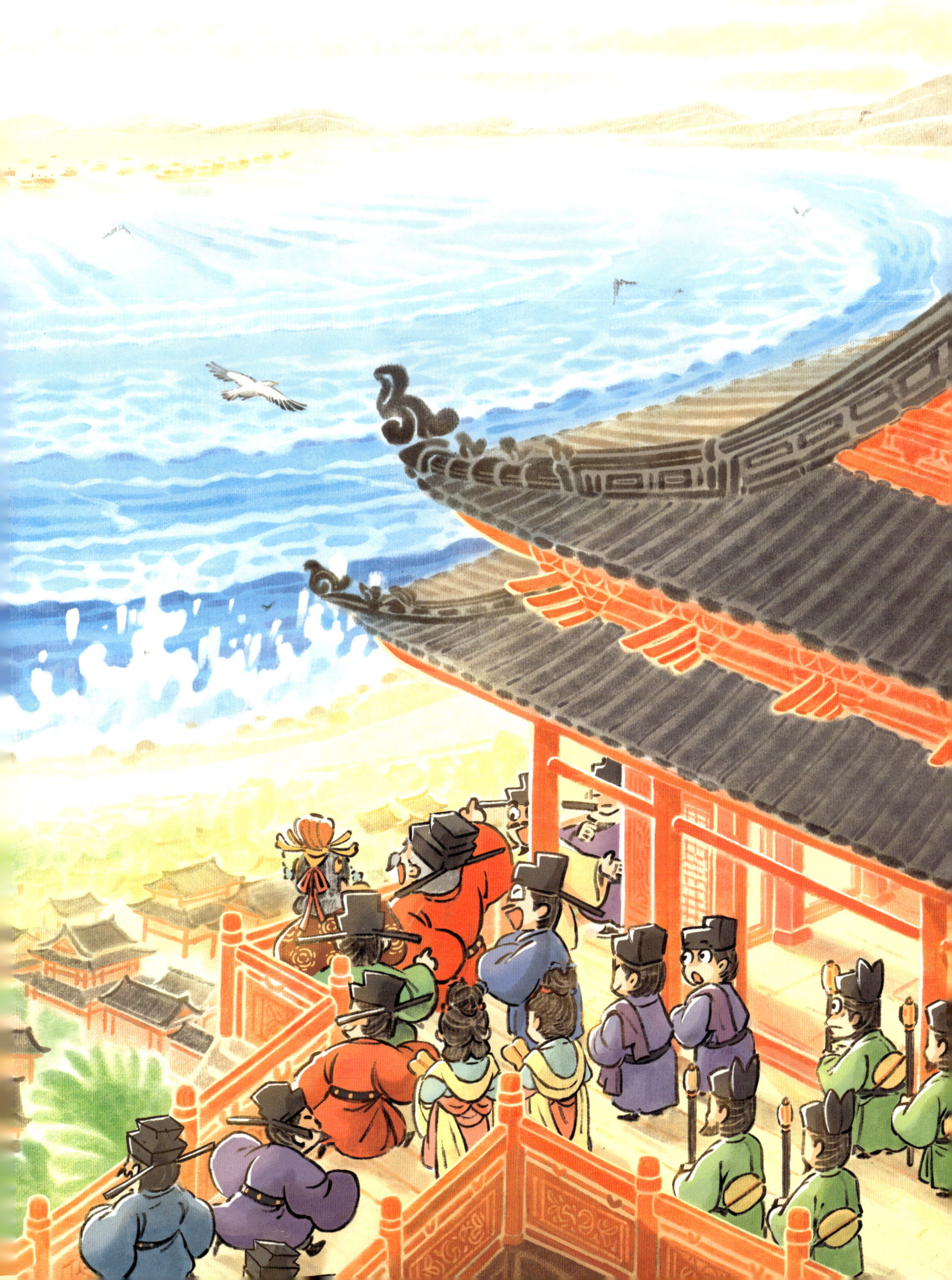

巳正（10：00）
开始表演吧

万众瞩目下，宋孝宗和宋高宗登上浙江亭。位于城外的浙江亭是观潮的绝佳地点，从这里远望，能够一览钱塘江的美景。

> 可以开始了。

宋高宗　宋孝宗

巳正一刻（10：15）
水军出场

数千名水军驾着近千艘军船驶近，横列江面，请太上皇和皇帝检阅。

随后，军船分成五阵。水军将士在船上舞动军旗，挥刀弄枪，一派威严气势。

巳正二刻（10：30）
大浪袭来

突然巨浪打来，拍击江岸发出阵阵轰鸣。军船随之剧烈摇动，而船上水军将士面不改色，继续演练武艺，气势更加威武。

嚯
哈

江上适时点放起五色烟炮，军船在烟雾里若隐若现。及至烟雾散去，江面上不见一只军船。众人齐声叫好。

> 我大宋水军气势十足，让我们大饱眼福！

午正（12:00）
来晚了，没位置

民众的观潮热情一点儿不比皇帝和官员们少。沿钱塘江两岸二十余里，都有豪门富户扎的彩幕，就连道路都被马车塞得满满当当。

啊？怎么没位置了？

午正一刻（12:15）
逐浪游戏

上百名水性好的弄潮儿，人人手拿十幅彩旗，争相追逐着踏浪争雄。

钱塘弄潮

在潮中逐浪戏水的活动叫弄潮，钱塘弄潮最为壮观。

他们变换身姿，跳跃翻腾，暗自较量，比拼谁的身手最好。

我是第一！

哗啦

最终，彩旗没有被潮水打湿的人夺魁。

午正三刻（12：45）
太上皇觉得很赞

看到这里，太上皇激动不已，忍不住夸赞钱塘美景，宋孝宗也随声附和。

好 好

钱塘山水得天独厚啊！

这江潮也是天下少有。

未初（13：00）
盛会就要配好词

随后，太上皇命随行众官员每人填一首《醉江月》。

词牌

"词"最初用于演唱，需要符合一定的音韵格式。像"醉江月"这样填词用的曲调名，就叫作词牌。

> 众卿尽情施展才华，写得好的重重有赏！

唰——唰

> 好似吴儿飞彩帜，蹴起一江秋雪……

> 吴琚的词精妙绝伦，当评为第一！

酉正（18：00）
拔得头筹

吴太后的侄子吴琚表现亮眼，填词拔得头筹，获得了太上皇的嘉奖。

之后的故事

富庶繁华的南方

从唐中晚期到两宋时期,北方战乱频繁,大量北方人口南迁,给南方带来了充足的劳动力和先进的生产技术。南方更多地方得以开发,经济地位逐渐超过了北方。

发达的海外贸易

南宋的造船和航海技术非常先进,促进海外贸易快速发展,由此兴起了一大批商港城市,如泉州港就是当时世界上最大的外贸海港之一。

引火烧身

北方草原崛起的蒙古派人联络南宋一起进攻金朝,南宋立即答应了。金朝灭亡后,蒙古人却把剑锋直指南宋。蒙古大汗蒙哥在攻打合州时身亡,引发继位之争,这才给了南宋喘息的时间。

延续百余年的偏安统治

虽然偏安一隅,但南宋经济发展得不错,再加上多方势力制衡,以及顽强的军事抵抗,使得宋朝的历史又延续了百余年。然而,北方的蒙古拥有远超辽、金的军事实力。南方的富庶和繁华,南宋军队战斗力的孱弱,都让蒙古人坚定了势要拿下南宋的决心。

第七天

蒙古南下

南宋末期，皇帝昏庸无能，几个宰相接连独掌国家大权。贾似道因在鄂州让蒙古军队退兵，得到了宋理宗的重用，宋度宗时被尊称为"师臣"，一人之下，万人之上。宋度宗不理朝政，沉溺于声色犬马，贾似道趁机把控了朝政。蒙古大军再次南下，贾似道选择隐瞒军情，得过且过。

陛下，襄阳已经被围困三年了，大家都很担心。

襄阳被围？朕怎么不知道？

宋度宗

1270年，襄阳城已被蒙古军围攻三年，守将发出一封又一封急报，请求朝廷派兵增援。贾似道将奏报通通拦截下来，不让宋度宗知道。

巳正（10：00）
宰相很忙

宋度宗登基以来，非常倚重贾似道，特别准许他在家办公，每十天上一次朝。而贾似道喜欢玩乐，每天忙着与侍妾们斗蟋蟀。

贾似道

这只红头大将军真是威风凛凛呀！

襄阳军情急迫，有人拿着奏报请求批示，却被贾似道臭骂一通。

报！紧急军情！

没见本官正忙大事吗？下次再说。

午初（11：00）
斗蟋蟀才是大事

事情传开，其他官员听说宰相不顾军情，还在斗蟋蟀，一时议论纷纷。

这就是宰相说的大事吗？

哈哈哈

未正（14：00）
皇帝召见

宋度宗忽然要见贾似道。贾似道从家中乘船，渡过西湖进入皇宫。

> 大人，陛下召见您。

未正二刻（14：30）
欺瞒皇帝

君臣相见，宋度宗忧心忡忡，问贾似道怎么破解襄阳的困局。贾似道怕被追究责任，就对宋度宗撒了谎。

> 真是一派胡言！蒙古军早已退兵，陛下从哪里听说的谣言？

宋度宗

> 一个宫女告诉我的。

酉正（18：00）
解决掉麻烦

贾似道对那个宫女怀恨在心，捏造罪名将她处死了。此后，即使战事越来越紧迫，也无人敢向宋度宗禀报实情了。

> 这个向陛下告密的宫女不能留！

> 唉，大宋恐怕……

> 别乱说，先保住性命吧。

> 天下看来很太平呀！

> 陛下英明。

蟋蟀宰相

贾似道痴迷于斗蟋蟀，军国大事都要排在斗蟋蟀之后。他还写了一本书，叫《促织经》，专门介绍斗蟋蟀的经验。因此，他被称为"蟋蟀宰相"。

之后的故事

飞涨的物价

南宋末年，朝廷为了筹集军费，大量发行纸币，导致民间物价翻了好几倍。百姓买不起食物和衣服，只能挨饿受冻。

襄阳之围

蒙古军围攻南宋重镇襄阳时，宰相贾似道拦截急报，隐瞒皇帝。襄阳最终因为粮尽援绝而失陷。襄阳失守后，沿江各地陆续失守，南宋危在旦夕。

无路可逃

南宋的最后一任皇帝赵昺和陆秀夫等大臣被元军一路追击，逃到了广东厓山。南宋残部在海上和元军展开最后的决战，最终战败，陆秀夫背着小皇帝跳海身亡。

文天祥宁死不屈

文天祥是南宋大臣、文学家。他被俘后，写下"人生自古谁无死？留取丹心照汗青"的诗句。在被关押了近四年后，他宁死不屈，英勇就义。

一代王朝最终消亡

随着元军攻占南宋都城临安，历时三百一十七年的宋朝至此宣告终结。元朝完成了全国的统一，结束了我国历史上较长时期的分裂割据局面，中国进入了新的大一统时期。

宋朝人丰富的夜生活

宋朝取消了持续千年的宵禁制度，老百姓终于能在晚上出门逛街遛弯啦！像是开封府这样的大城市，三更夜市尽，五更早市又起，只要你愿意，从早到晚泡在市集里也不会觉得无聊，因为这里有数不清的珍馐美食，有不重样的说书、戏剧、歌舞演出，有藏在街头巷尾的"宝藏"小店，还有那独属于宋朝的、浓浓的人间烟火气。

下馆子：宋朝食物种类已经非常丰富，有蒸、煮、烤、煎、炒、炖等多种烹饪方式。百姓一日三餐都可以在外面吃。

医铺：宋朝时期重视医学，街上有很多医馆、药铺，大夫常以自己的姓名或官名为店名。

脚店：类似于现代街头巷尾的小饭馆，虽然不如大饭店气派，但却更受百姓喜爱。

勾栏瓦肆：游人玩乐的场所，人们可以在瓦肆中欣赏各种表演。

骑驴出行：由于马比较珍贵，所以宋朝人多骑驴出行。

饮子

望火楼 宋朝官方建立的消防瞭望站,以敲锣为火警警报,同时白天以旗为号,夜晚以灯为号,指明失火方位。

瓠羹 一种用瓠菜做成的羹,能当主食,也能当下酒菜。

广告灯箱 蜡烛在宋朝使用广泛,聪明的店家用它点亮灯箱,为自家招揽生意。

外卖员 虽然被唤作"闲汉",但他们走街串巷,一刻不得闲,只为将客人订购的食物准时送到他们手中。

冰食 冰食是宋朝时常见的冰制、冰冻食品,种类丰富,蜜沙冰、乳糖真雪等都是夏日里的解暑佳品。

宋朝历史大事件

陈桥兵变 ❶
960 年
宋太祖赵匡胤在陈桥驿发动兵变，建立宋朝，定都开封，史称"北宋"。

雍熙北伐 ❷
986 年
为收复燕云十六州，北宋对辽发动战争。

澶渊之盟 ❸
1005 年
北宋与辽签订"澶渊之盟"。

王安石变法 ❹
1069 年
宋神宗任用王安石主持变法。

海上之盟 ❺
1120 年
北宋与金订立"海上之盟"，约定联合攻辽。

靖康之变 ❻
1127 年
金军攻破开封，北宋灭亡。

南宋建立 ❼
1127 年
赵构在应天府即位，后定都临安，史称"南宋"。

绍兴和议 ❽
1141 年
南宋与金订立绍兴和议，南宋对金称臣。

端平入洛 ❾
1234 年
金灭亡后，南宋派兵收复开封、洛阳等地，史称"端平入洛"。

蒙古南下攻宋 ❿
1235 年
蒙古开始全面进攻南宋。

襄阳陷落 ⓫
1273 年
襄阳守将向元军投降，襄阳失守。

南宋灭亡 ⓬
1276 年
元军攻占南宋都城临安，南宋灭亡。